De tunnel

Pim Holu

Colofon

Geschreven door:
Pim Holu

Illustraties:
Lars Reen

Uitgegeven door:
Graviant educatieve uitgaven, Doetinchem

© 2015 Graviant

ISBN 978-94-91337-40-6

Pim en Martin kennen
elkaar al lang.
Ze zijn goede vrienden.
Vaak gaan ze samen uit.
Ook sporten ze veel samen.
Soms zijn ze verliefd.
Niet op hetzelfde meisje,
dat geeft problemen.
De liefde is meestal
van korte duur.
Een vriendin vraagt aandacht.
Pim en Martin zijn
echte vrijbuiters.
Trouwen en zo vinden ze
iets voor de toekomst.

Eerst willen ze nog een
heleboel ondernemen.
Al jaren willen ze
een fiets-tocht maken.
Niet zo maar een tocht!
Ze willen drie weken
gaan fietsen.
De start is in Frankrijk.
Als het lukt
is Spanje het eind-doel.
Dat wordt dus een hele klus!

***

Over twee weken begint
het grote avontuur.
Pim en Martin beginnen
met de sport-fietsen.
Er wordt gepoetst en gesmeerd.
Na afloop zijn de fietsen als nieuw.
"Zeg Pim, jij had
toch fietskaarten?"
vraagt Martin.
"Ja ik geloof het wel.
Ergens tussen de rommel",
bromt Pim.
Hij is niet het voorbeeld
van netheid.

Z'n kamer is vaak
één grote puin-hoop.
"We gaan nú zoeken",
zegt Martin.
"Je kunt dan meteen
je troep opruimen".
"Moet dat nou",
moppert Pim.
"We kopen wel 'n nieuwe!"
"Niks kopen,
dat is zonde van het geld.
De vakantie wordt al duur genoeg",
zegt Martin.

Na een uurtje is het zover.

De kamer is opgeruimd en

de kaarten zijn gevonden.

Ze lagen onder

een stapel hand-doeken.

"Hoe krijg je het voor elkaar",

zegt Martin.

"Ik weet het niet",

zucht Pim.

"Laten we maar een pilsje nemen

en de kaarten bekijken".

Met potlood strepen ze

de route aan.

Ze zijn weer een stapje dichter

bij de start.

***

De volgende stap

is de bagage.

Dat is het meeste werk.

Voor drie weken

heb je veel nodig.

En alles moet

op de fiets passen.

Achterop gaan

de grote fiets-tassen.

Daarin gaat de kleding,

de potten en pannen

en de gas-pitten.

Voorop gaan kleine
fiets-tassen.
Hierin zitten thee-doeken,
hand-doeken, zak-lamp en
tent-bezem.
Er is nog ruimte over
voor kleine dingen.
Bestek, blik-opener
en kurke-trekker.
Pas-poort, geld en
verzekerings-papieren
gaan in een klein tasje.
Dat hangen ze om hun nek.

De fiets-kaarten
komen in een klem,
voorop de fiets.
Als laatste komt de tent.
Die moet bovenop
de grote fiets-tassen.
Nu is alles klaar
voor vertrek.

***

Vanavond vertrekken Pim en Martin.

Eerst gaan ze nog langs hun ouders.

Even afscheid nemen.

Ze laten een lijst achter.

Hierop staan de plaatsen

waar ze overnachten.

Ze spreken af

iedere week 'n keer

te zullen bellen.

Als alles geregeld is

fietsen ze naar het station.

Tot Noord-Frankrijk

nemen ze de slaap-trein.

De fietsen gaan

in een aparte wagon.

De bagage nemen ze mee

de trein in.

In de slaap-coupé maken

Pim en Martin hun bed op.

Ze poetsen hun tanden

in het was-toilet.

Daarna gaan ze slapen.

Morgen is het vroeg dag.

***

Om half zes worden
Pim en Martin wakker.
"Opschieten", zegt Martin.
"Over 'n half uur zijn we er".
Slaap-dronken
rolt Pim uit bed.
"Waar zijn mijn sokken?",
vraagt hij en rekt
zich eens flink uit.
"Het zal niet waar zijn",
zucht Martin.
"Je zoekt ze zelf maar!"

Pim bukt zich en graait
onder het bed.

Een trein-coupé is niet groot.

De sokken zijn gauw gevonden.

"Ik zal mijn leven beteren",

belooft Pim en trekt zijn sokken aan.

Het is zes uur.

De zon schijnt.

Met gepiep en gekreun

staat de trein stil.

Er stappen veel jonge mensen uit.

Een vakantie op de fiets

is erg in trek.

Iedereen haalt zijn fiets

uit de trein.

Er wordt zorgvuldig bepakt.

Het gewicht moet goed

verdeeld zijn.

Zo niet, dan gaat

de fiets slingeren.

Dat kan erg gevaarlijk zijn.

***

Alles is gereed.

Pim en Martin

schudden elkaar de hand.

"Klaar voor vertrek?",

vraagt Martin.

"Jazeker", zegt Pim.

"Daar gaan we dan", zegt Martin.

"Eerst rijden we naar een café",

stelt Pim voor.

"Ik heb trek in een lekker ontbijt".

"Prima idee", vindt Martin.

"Maar zullen we eerst

een eind fietsen.

Om deze tijd is alles nog gesloten.

Voor de ergste honger
nemen we wel een appel".
Na 'n goed uur komen ze
in een klein dorpje.
Ze fietsen door naar
het dorps-plein.
Daar is meestal een café.
Even later zitten ze beiden
achter een kop koffie.
Ze eten warme broodjes
met boter en jam.
Intussen wordt de route
voor die dag besproken.

***

De eerste week begint.

Ze rijden flink wat

kilo-meters.

Steeds staat de tent

ergens anders.

De ene keer op een

weiland bij de boer.

De andere keer op een camping.

De omgeving verandert.

Aan het begin van de tocht

was alles nog vlak.

Ze kwamen langs wei-landen

en golvende koren-velden.

Ze zagen kleine dorpjes

waar de tijd leek stil te staan.

Ze reden langs

mooie rivieren,

met fraaie kastelen.

Na een paar dagen

wordt het bos-rijker.

Ze fietsen soms uren

door de prachtige bossen.

Je hoort alleen het geruis

van de bomen en gefluit

van vogels.

Ze rusten uit langs

heldere beekjes.

Tot nu toe maar één onweers-bui.

Dat was niet erg,

want ze lagen in hun tent.

***

De tweede week wordt
de weg al wat steiler.

Pim en Martin hebben
het soms knap warm.

Als het steil omhoog gaat
moeten ze boven eerst uitblazen.

Naar beneden gaat het makkelijk.

Ze suizen omlaag.

De wind giert om hun oren.

Dat koelt lekker af!

In de verte zien ze
de bergen al.

Tot nu toe is alles
goed gegaan.

Zo nu en dan
een lekke band.
Maar daar weten ze
wel raad mee.
Bij de bergen begint
het zwaarste deel.
Om in Spanje te komen
moeten ze de bergen over.
Ze moeten kiezen
welke route ze nemen.
Door de tunnel of
over de pas.
"De pas lijkt me erg zwaar",
zegt Pim.

"Bij deze hitte is het geen doen.

Kijk maar op de kaart,

zie je hoe die weg slingert?

We nemen de tunnel,

dat scheelt een aantal

kilo-meters".

"Ja maar, wat voor 'n tunnel is het?",

vraagt Martin.

"Misschien is het alleen

een auto-tunnel".

"Dat merken we vanzelf",

zegt Pim.

"Dan gaan we alsnog over de pas".

***

Het is warm.

De zon brandt

op hun gezicht.

Ze zweten.

ook de rit naar de tunnel

valt niet mee.

Hoe zal het verder gaan?

Ze ploffen neer langs

de kant van de weg.

Even uitblazen,

dan weer verder.

Vanavond willen ze

bij de grens zijn.

Martin tuurt naar de tunnel.

Hij ziet alleen

een donker gat.

Boven de ingang

hangt een bord.

1948 staat er op.

"Wat 'n ouwe", roept Martin uit.

"Moeten we daar doorheen?"

"Hé kom, niet zeuren", zegt Pim.

"We gaan niet meer terug!"

"Mij krijg je dat

donkere gat niet in",

zegt Martin heel beslist.

"Moet je zien,

nog niet eens verlicht!"

"Joh, ik ga écht niet terug",

zegt Pim boos.

"Je bekijkt het maar!"

Voor het eerst, in deze vakantie,

krijgen ze ruzie.

***

Een kwartier lang zeggen

ze boe noch bah.

Dan zegt Martin ineens:

"Goed we nemen de tunnel,

maar op jouw verantwoording!"

"Dat is niet eerlijk",

zegt Pim.

"We maken samen de tocht,

dus we beslissen ook samen!"

"Wat doen we?

Wel tunnel, geen tunnel!"

"Joh, je hebt gelijk",

zegt Martin.

"Ik stel me aan."

En zo fietsen ze samen

het donkere gat in.

Pim fietst voorop.

Martin rijdt er achter.

Pim draait zich op en schreeuwt:

"Let op mijn achter-licht".

"Begrepen",

roept Martin terug.

Af en toe dendert er

een vracht-auto langs.

Even is de tunnel verlicht.

Daarna weer die enge stilte.

Het ruikt muf

in de tunnel.

Soms valt er een druppel

op hun hoofd.

Ze zwijgen.

Ze hijgen.

De weg stijgt langzaam.

Het lijkt alsof er nooit

een eind aan komt.

Dan ineens ...... dag-licht.

Hun hart bonst in de keel.

Ze hebben het gehaald!

Ze fietsen de tunnel uit.

Het hagelt.

De omgeving is verlaten

en grauw.

Ze stappen af en zoeken

een plek om uit te rusten.

Hun knieën trillen.

"Wat was ik bang",

zegt Martin.

"Wat dacht je van mij",

zegt Pim.

"Ik zag geen hand voor ogen,

zo donker was het.

Jij zag in ieder geval

nog mijn achter-licht".

"Maar we hebben het gehaald",

zucht Martin.

"We moeten voorzichtig zijn

met afdalen" en hij wijst

op het natte weg-dek.

***

Als ze van de schrik zijn bekomen,

stappen Pim en Martin

weer op de fiets.

De lucht is opgeklaard,

maar de weg is nog flink nat.

Met de hand aan de rem

rijden ze de helling af.

Dan ineens gebeurt het.

Martin schiet met z'n fiets vooruit,

de helling af.

"Help", gilt hij.

"M'n remmen doen het niet meer!

Ik kan niet meer stoppen".

En weg suist hij.

Verderop is een bocht

en Martin verdwijnt uit het zicht.

Voorzichtig fietst Pim naar beneden.

Hij maakt zich flink zorgen.

Martin is niet te zien.

Dan maakt de weg

een scherpe bocht en

hij ziet een tunneltje.

Vlak voor de ingang ligt Martin.

Hij is met zijn hoofd

tegen de berg-wand geklapt.

Hij bloedt.

Pim gooit zijn fiets aan de kant.

Hij knielt bij Martin neer

en voelt zijn pols.

Gelukkig, die klopt

al is het zwak.

Pim kijkt om zich heen.

De streek lijkt verlaten.

Opeens hoort hij een geluid.

Het is het geluid

van een motor.

Langzaam komt er een

vracht-auto de bocht om.

Pim begint met beide handen

te zwaaien.

De vracht-auto stopt.

Er stapt een man uit.

In rap Frans en met veel gebaren

begint de man te praten.

Pim praat niet zo goed Frans.

Met veel gebaren

en een beetje Frans

legt Pim het ongeluk uit.

Gelukkig begrijpt de man

wat Pim vertelt.

De man wijst naar de vracht-auto.

Pim snapt het meteen.

Voorzichtig dragen ze

Martin naar de vracht-auto.

In de laadbak ligt

een oude deken.

Daar leggen ze Martin op.

De fietsen binden ze vast

aan de andere kant.

Pim gaat naast Martin zitten.

De man kruipt achter het stuur.

***

Langzaam rijdt de vracht-auto
de helling af.

De weg is nog steeds glad
van de hagel-bui.

Ineens slaat de vracht-auto rechtsaf.

Ze rijden een zand-pad op.

De vracht-auto hobbelt.

De weg zit vol kuilen.

Martin kreunt als ze door
een kuil rijden.

Dan stopt de vracht-auto.

Ze zijn bij een boeren-hoeve.

Een paar kinderen
rennen naar buiten.

Ze roepen "Papa".

De vader tilt ze op
en kust ze.
Hij roept naar zijn vrouw.
De vrouw komt naar buiten.
Hij begroet haar en wijst
naar de laad-bak.
Ze schudt haar hoofd en
gaat snel naar binnen.
De man en Pim dragen
Martin naar binnen.
Op een afstand kijken
de kinderen toe.
Martin wordt op een
bed gelegd.
De vrouw dekt Martin toe.

De man loopt snel

naar de vracht-auto.

De vrouw gebaart naar Pim.

"Le docteur", zegt ze.

Pim begrijpt, dat de man

de dokter gaat halen.

De vrouw geeft Pim

een warme kop koffie.

Ze legt een natte lap

op het hoofd van Martin.

Pim geeuwt.

Hij is dood-moe.

Dat komt door de spanning.

Martin kreunt en mompelt iets.

Pim dommelt in.

***

Ineens is hij klaar wakker.

Hij hoort in de verte een motor.

Hij loopt naar buiten.

De vracht-auto rijdt het erf op.

De dokter en de man

stappen uit de auto.

De man praat opgewonden.

De dokter knikt 'n paar keer.

Hij geeft Pim een hand.

Dan vraagt hij in het Duits

wat er gebeurd is.

Pim vindt Duits makkelijker dan Frans.

Hij vertelt het hele verhaal.

Ondertussen bekijkt de dokter Martin.

"Niets gebroken", zegt hij.

"Alleen een shock door de val.

Hij moet een paar dagen

rust houden".

Pim haalt opgelucht adem.

De dokter praat met de man

en de vrouw.

Daarna zegt de dokter:

"Jullie blijven een paar dagen hier,

tot je vriend beter is.

Als er iets is

waarschuw me dan!"

Pim krijgt een stevige hand

van de dokter.

Dan brengt de man

de dokter weer terug.

De vrouw begint opgewekt

te praten tegen Pim.

Pim snapt er niet veel van.

Het enige dat hij begrijpt is

dat ze eten gaat koken.

Dat staat Pim wel aan.

Hij heeft reuze trek.

Na een kwartier ruikt het heerlijk.

Het gaat vast goed

in de keuken.

Het water loopt Pim in de mond.

En kijk, zelfs Martin

schijnt het te ruiken.

Hij doet langzaam zijn ogen open.

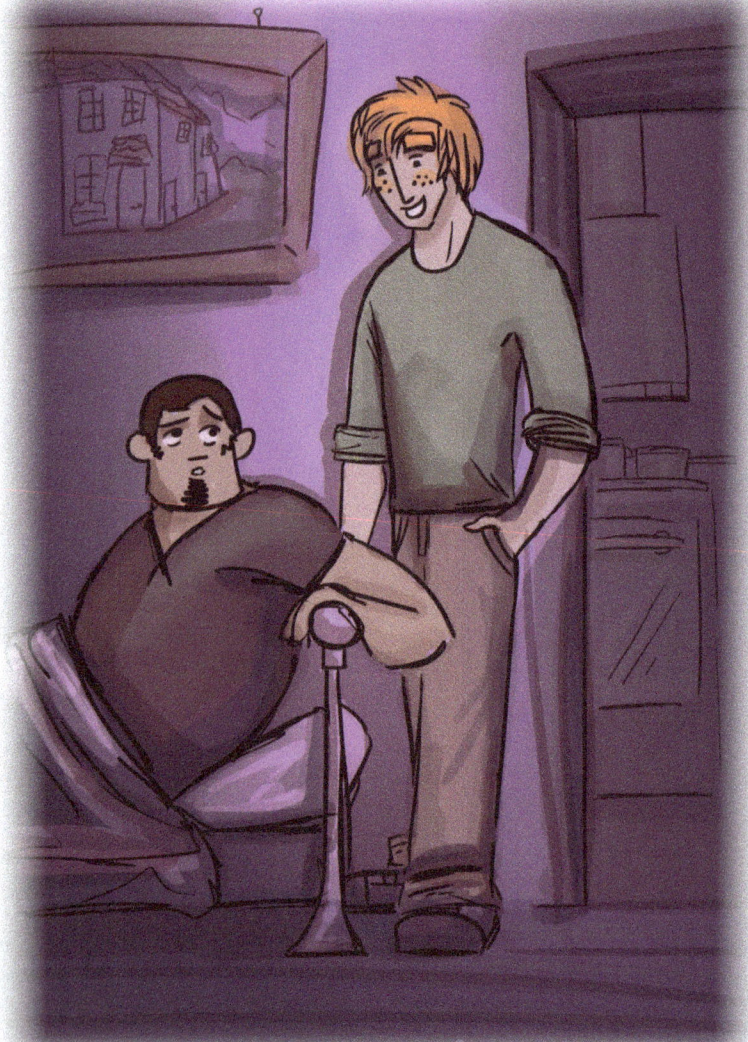

"Waar ben ik", vraagt hij.

"Hoe kom ik hier?"

Meteen grijpt hij naar zijn hoofd.

"Je zult wel kop-pijn hebben",

zegt Pim en vertelt wat

er gebeurd is.

"Tjonge", zegt Martin,

"dat is goed afgelopen!"

"We blijven hier een paar dagen",

zegt Pim, "totdat je beter bent."

"Daar heb ik niks op tegen",

zegt Martin en wijst naar de keuken.

"Wat tof van die mensen", zegt hij.

"Dat kun je wel stellen",

merkt Pim op.

***

Een half uur later
zit iedereen aan tafel.
Martin ziet er fraai uit
met z'n grote verband.
Hij ziet nog wel wat bleek.
Praten doen ze met
handen en voeten.
Ze begrijpen elkaar prima.
Al gauw worden ze
doezelig van de wijn.
Ze gaan vroeg naar bed.
Martin moet kalm aan doen
en ook Pim is erg moe.

De volgende morgen voelt Pim

zich weer helemaal fit.

Ook Martin is aardig opgeknapt.

Ze mogen 'n week blijven.

Pim helpt mee op het land.

Dat is weer eens iets heel anders.

Martin vermaakt zich

met de kinderen.

Na een paar dagen

is hij helemaal opgeknapt.

Intussen herstelt de man

Martin's fiets.

Gelukkig valt de schade mee.

De week vliegt voorbij.

Aan alles komt een eind.

Ook aan de vakantie van

Pim en Martin.

Aan het eind van de week

nemen ze afscheid.

Er worden handen geschud.

De boeren-familie wordt

nogmaals bedankt.

Voordat Pim en Martin weg fietsen

beloven ze volgend jaar terug te komen.

Ze fietsen naar het eerste station

in de omgeving.

Daar nemen ze de trein naar huis.

Het dagelijkse leven weer tegemoet.

***

Lees ook deze titels uit de serie

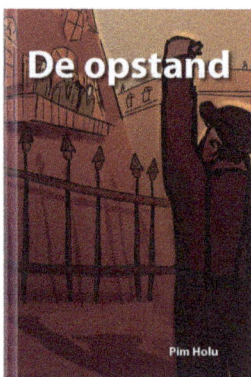

De opstand
Pim Holu

ISBN 9789491337413

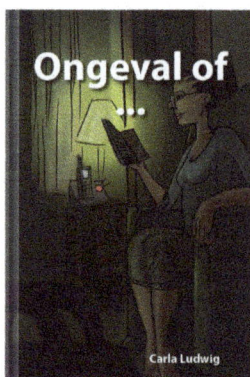

Ongeval of ...
Carla Ludwig

ISBN 9789491337420

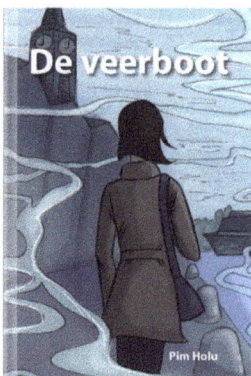

De veerboot
Pim Holu

ISBN 9789491337468

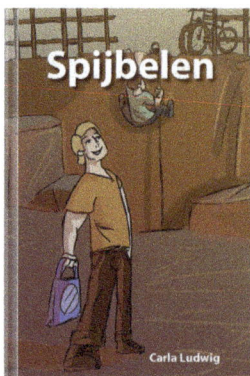

Spijbelen
Carla Ludwig

ISBN 9789491337437

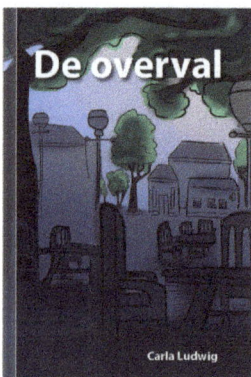

De overval
Carla Ludwig

ISBN 9789491337444

Werkloos
Carla Ludwig

ISBN 9789491337451

www.ingramcontent.com/pod-product-compliance
Lightning Source LLC
Chambersburg PA
CBHW040805150426
42813CB00056B/2656